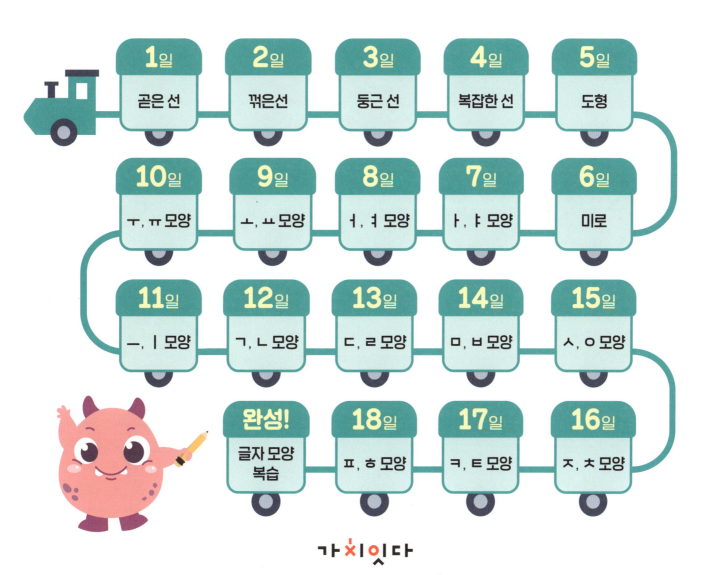

1일

곧은 선 — 왼쪽에서 오른쪽으로 가로선을 그어요.

 ➡ ....

 ➡ ....

 ➡ ....

 ➡ ....

내 맘대로 선을 많이 많이 그어 보세요.

곧은 선

위에서 아래로 세로선을 그어요.

곧은 선

기울어진 선을 똑바로 그어요.

곧은 선

가로선과 세로선을 그어요.

2일 꺾은선

한 번 꺾은선을 그어요.

꺾은선 — 뾰족뾰족 꺾은선을 그어요.

꺾은선

계단 모양 선을 그어요.

3일

둥근 선 — 위로 둥근 반달 선을 그어요.

둥근 선

위로 아래로 반달 선을 그어요.

둥근 선 — 볼록볼록 물결 선을 그어요.

둥근 선 | 볼록볼록 만나는 선을 그어요.

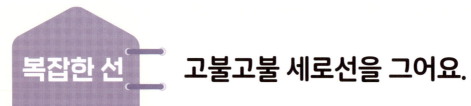

복잡한 선 고불고불 세로선을 그어요.

복잡한 선 — 동그란 회오리 선을 그어요.

복잡한 선

세모난 회오리 선을 그어요.

5일

도형 — 동글동글 동그라미를 그려요.

도형 | 뾰족뾰족 세모를 그려요.

도형 — 반듯반듯 네모를 그려요.

도형 | 여러 가지 모양을 그려요.

6일

미로 구불구불 길을 따라 선을 그어요.

미로

이리저리 길을 따라 선을 그어요.

미로

달걀 위의 길을 따라 선을 그어요.

미로

장난감 사이사이 길을 따라 선을 그어요.

7일

ㅑ

ㅏ 모양을 따라 선을 그어요.

 순서에 맞게 ㅏ 를 따라 써요.

ㅑ 모양을 따라 선을 그어요.

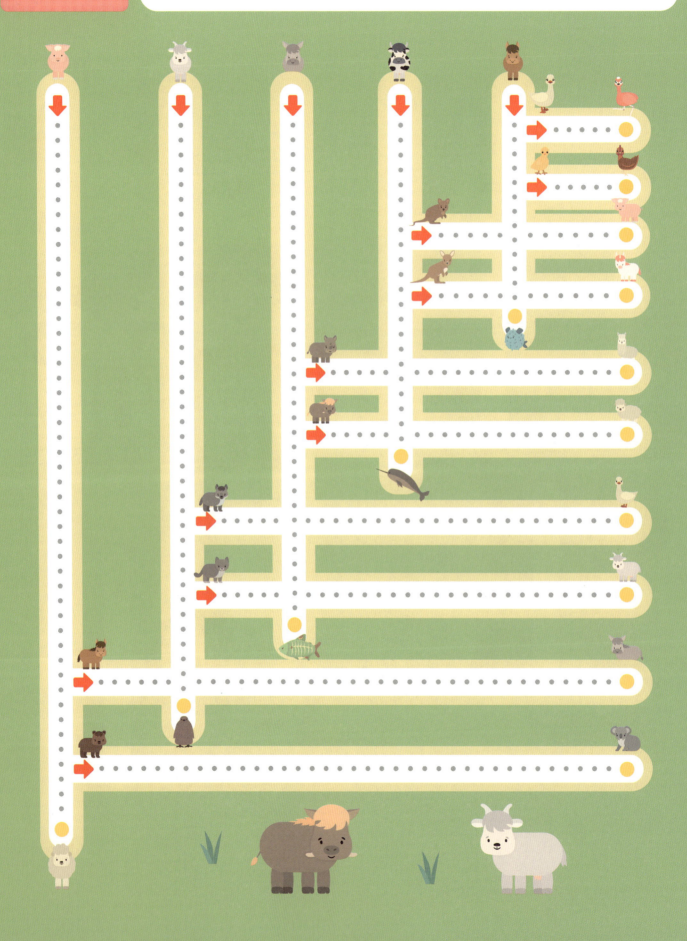

8일

ㅓ ㅑ ㅡ ㅓ 모양을 따라 선을 그어요.

순서에 맞게 ㅓ를 따라 써요.

ㅓ ㅕ 모양을 따라 선을 그어요.

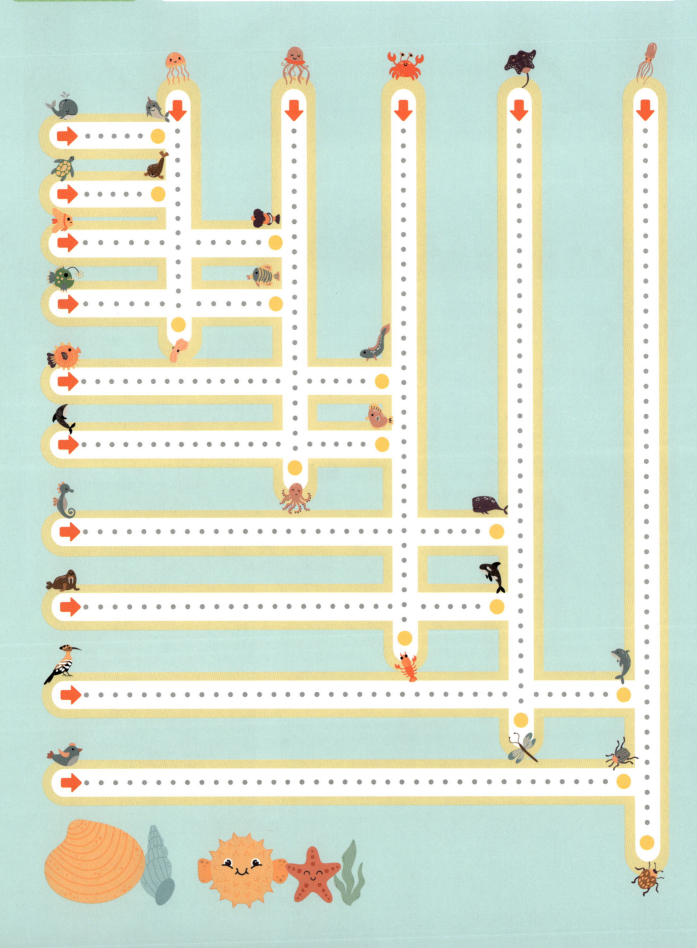

9일

ㅗ 모양을 따라 선을 그어요.

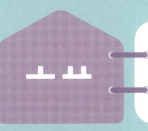
순서에 맞게 ㅗ를 따라 써요.

ㅠ 모양을 따라 선을 그어요.

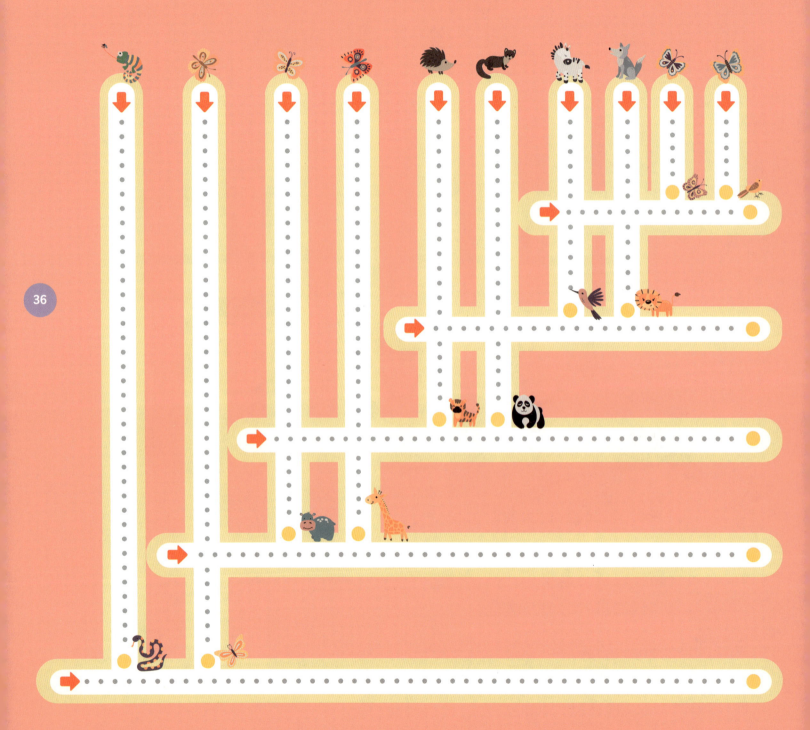

 순서에 맞게 ㅛ를 따라 써요.

10일

ㅜㅠ 모양을 따라 선을 그어요.

 순서에 맞게 ㅜ를 따라 써요.

 ㅠ 모양을 따라 선을 그어요.

 순서에 맞게 ㅠ를 따라 써요.

11일

— 모양을 따라 선을 그어요.

| 모양을 따라 선을 그어요.

12일

ㄱ 모양을 따라 선을 그어요.

순서에 맞게 ㄱ을 따라 써요.

ㄴ 모양을 따라 선을 그어요.

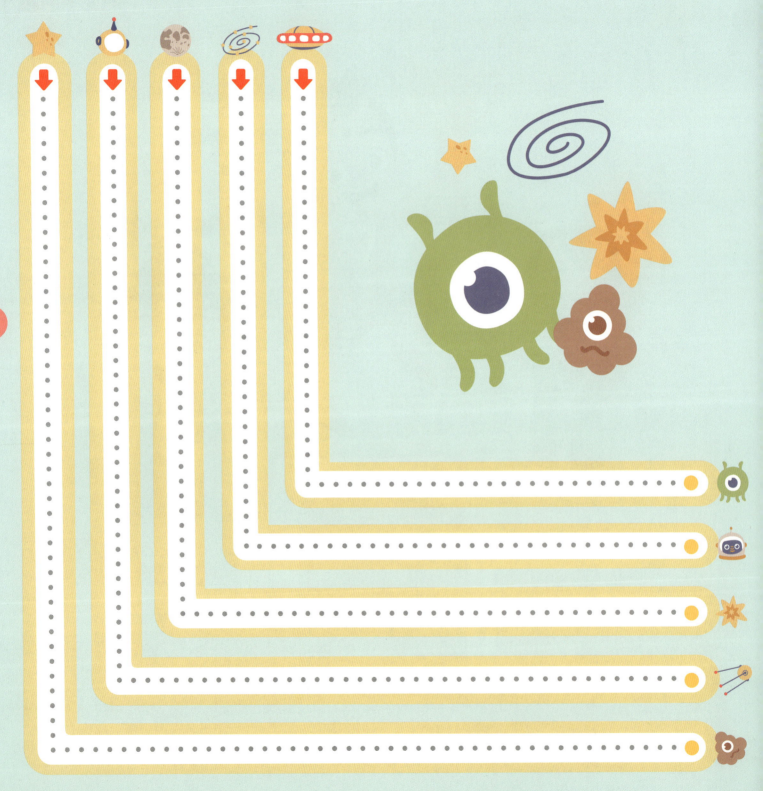

 순서에 맞게 ㄴ을 따라 써요.

13일

ㄷㄹ

ㄷ 모양을 따라 선을 그어요.

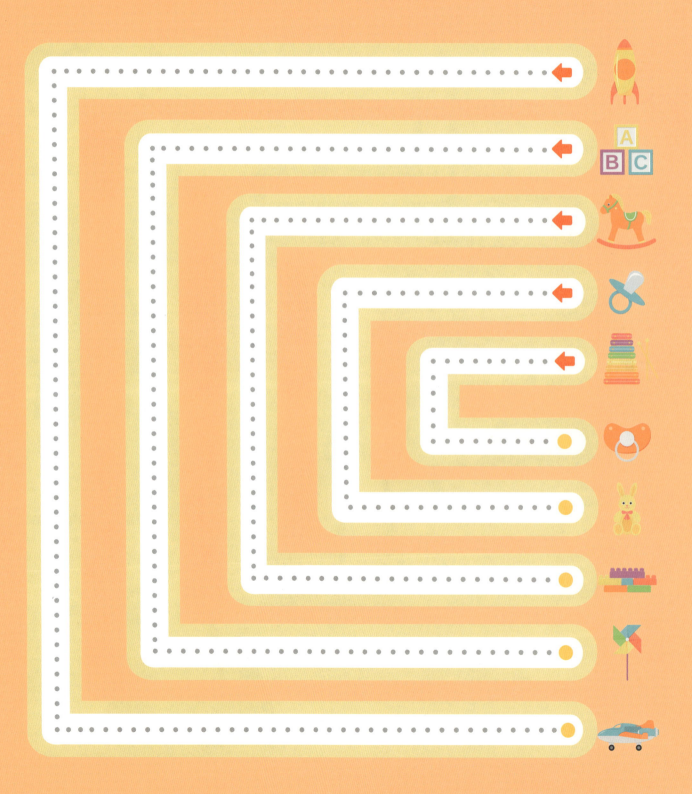

ㄷㄹ

순서에 맞게 ㄷ을 따라 써요.

ㄷㄹ ㄹ 모양을 따라 선을 그어요.

순서에 맞게 ㄹ을 따라 써요.

14일

ㅁㅂ

ㅁ 모양을 따라 선을 그어요.

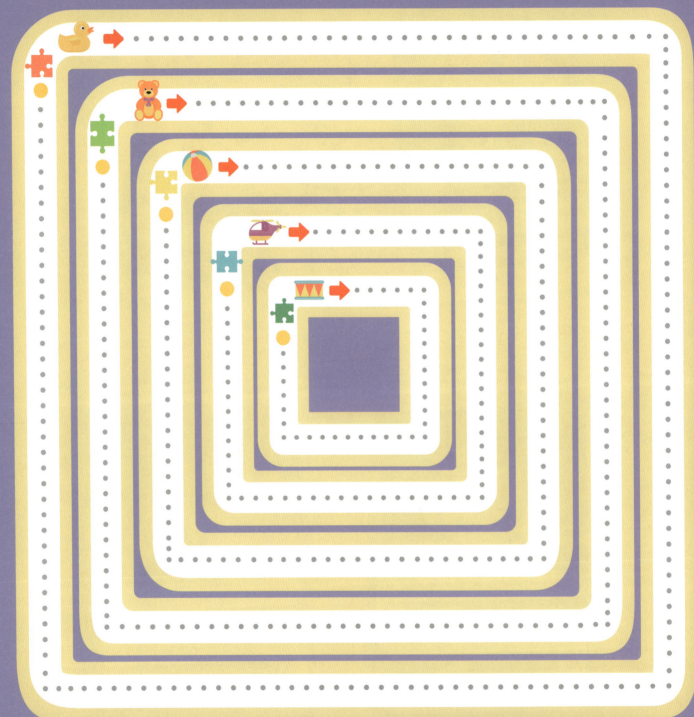

ㅁㅂ 순서에 맞게 ㅁ을 따라 써요.

ㅁㅂ ㅂ 모양을 따라 선을 그어요.

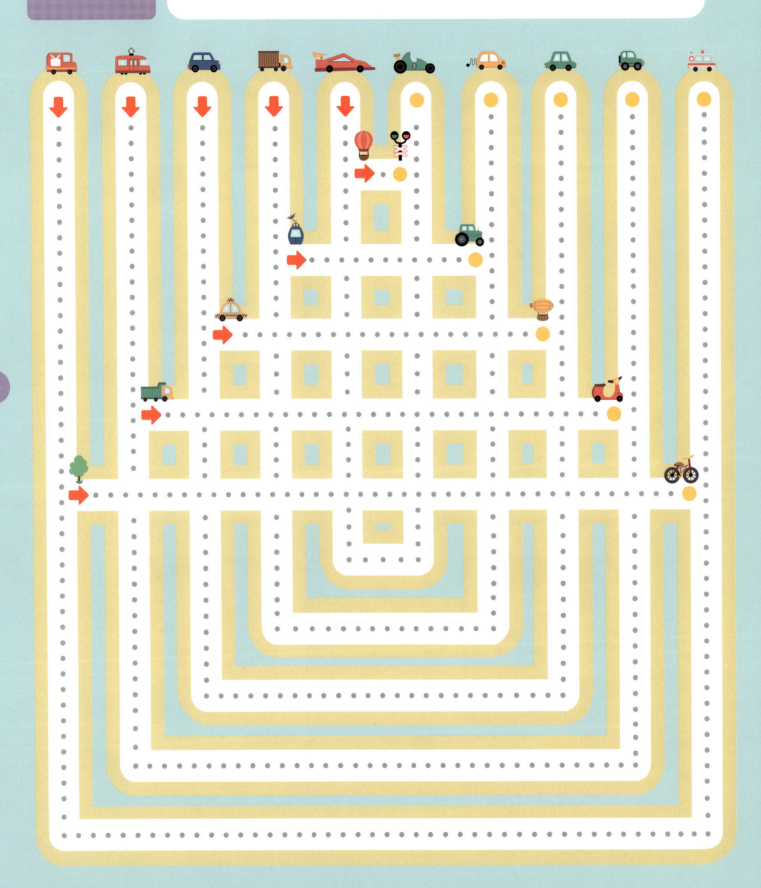

 순서에 맞게 ㅂ을 따라 써요.

15일

ㅅㅇ

ㅅ 모양을 따라 선을 그어요.

순서에 맞게 ㅅ을 따라 써요.

ㅇ모양을 따라 선을 그어요.

 순서에 맞게 ㅇ을 따라 써요.

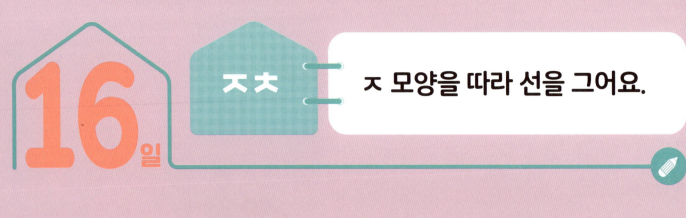

ㅈ 모양을 따라 선을 그어요.

ㅈㅊ 순서에 맞게 ㅈ을 따라 써요.

ㅈㅊ

ㅊ 모양을 따라 선을 그어요.

17일

ㅋㅌ ㅋ 모양을 따라 선을 그어요.

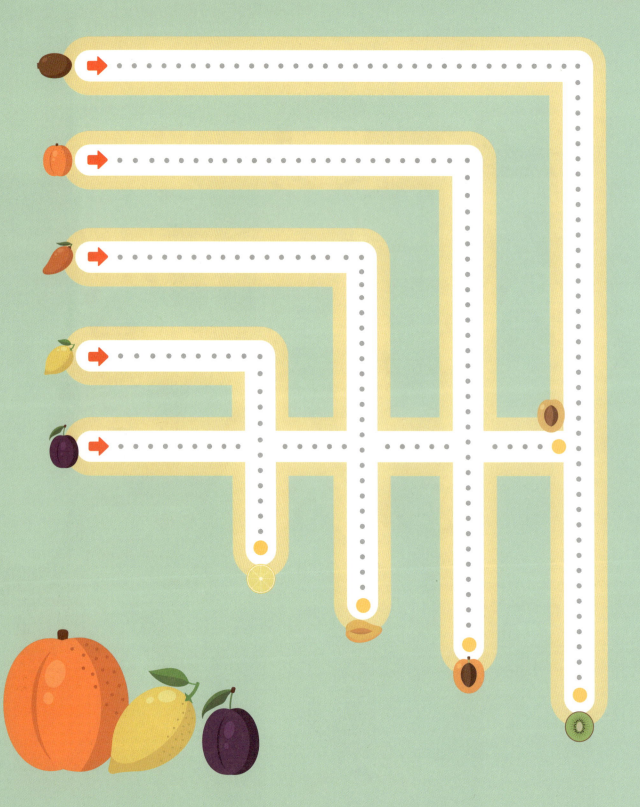

순서에 맞게 ㅋ을 따라 써요.

 ㅌ 모양을 따라 선을 그어요.

 순서에 맞게 ㅌ을 따라 써요.

18일

ㅍ ㅎ

ㅍ 모양을 따라 선을 그어요.

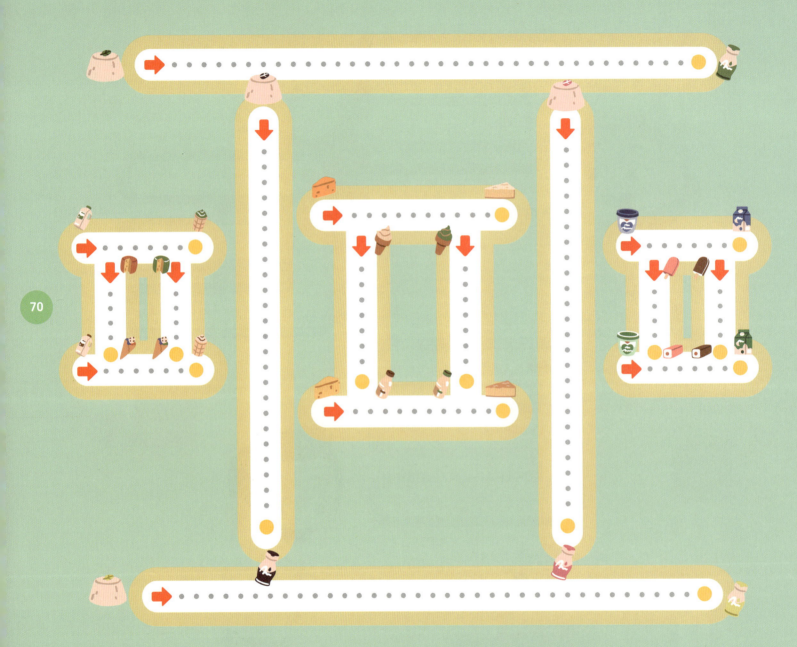

ㅍㅎ 순서에 맞게 ㅍ을 따라 써요.

ㅎ 모양을 따라 선을 그어요.

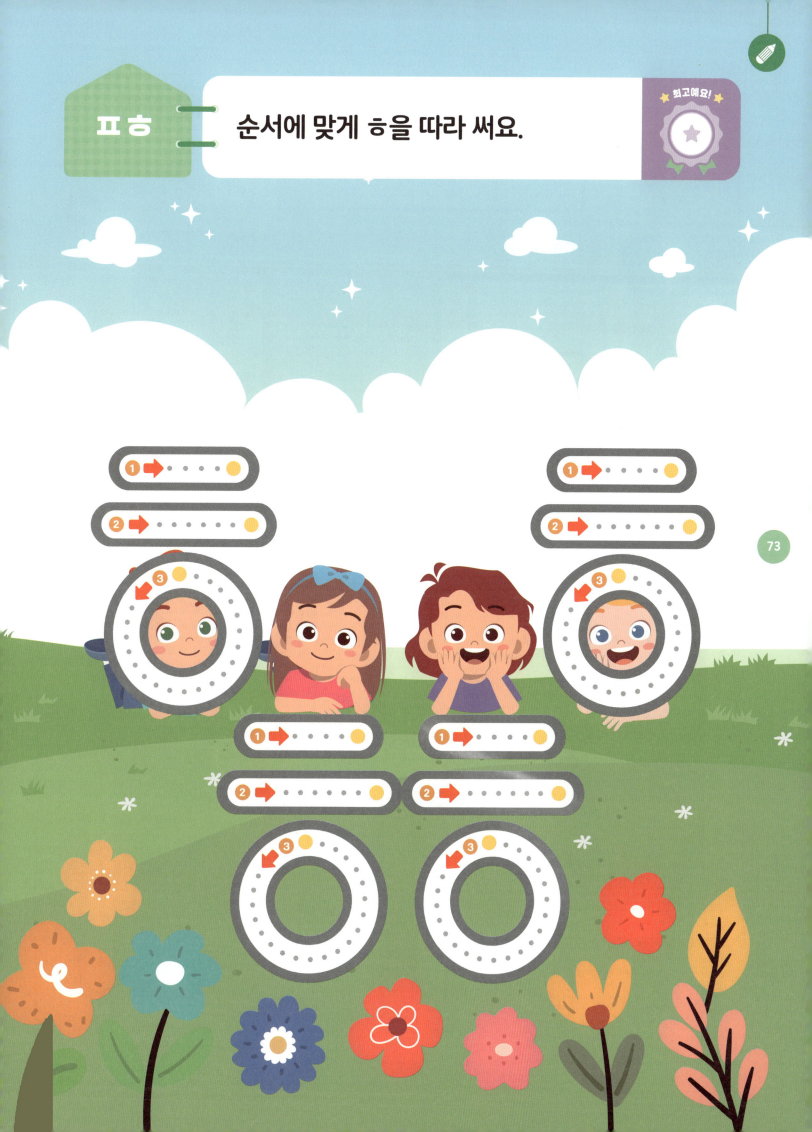

복습

ㄱ부터 ㅅ까지 자음을 따라 선을 그어요.

복습 ㅇ부터 ㅎ까지 자음을 따라 선을 그어요.